À Moumoune, Ramsès et Titi.

ISBN : 978-2-4120-1628-2
Dépôt légal : décembre 2016

Imprimé en Italie
Édition : Frédéric Lorreyte
Couverture et mise en page intérieure : NoOok
Illustrations : Shutterstock, Freepik

Éditions First, un département d'Édi8
12, avenue d'Italie
75013 PARIS – France
Tél. : 01 44 16 09 00
Fax : 01 44 16 09 01
E-mail : firstinfo@efirst.com
Site Internet : www.editionsfirst.fr

Benjamin Peylet et Joseph Carabalona

TU SAIS QUE TU AS UN CHAT QUAND...

FIRST
Editions

AVANT-PROPOS

L'un des travers humains les plus paradoxaux est très certainement notre amour pour ce qui est à la fois beau, orgueilleux et égoïste : depuis les footballeurs jusqu'aux stars des écrans, les exemples ne manquent pas, mais le plus vieux et le plus beau d'entre eux est très certainement l'amour un brin masochiste que nous portons aux chats.

Car force est de reconnaître que ces animaux splendides nous méprisent, quand nous les adorons au point de leur dédier près de la moitié d'Internet. Pourquoi ?

Parce que ce sont des pestes, en grande partie. Des animaux capables de nous casser les bonbons pendant une heure pour rentrer afin de pouvoir nous les casser de plus belle pour sortir l'instant d'après (un peu comme les Anglais).

Et parce que nous aimons ça, ce côté indépendant, sûr de soi, maître de son monde.

Voilà le genre d'hommage que nous voulons leur rendre dans ce bref opuscule : les chats sont vraiment des connards. Vive les chats !

TU SAIS QUE T'AS UN CHAT QUAND...

- ... t'habites pas chez toi, t'habites chez ton chat. Tu n'es même pas occupant à titre gratuit, tu lui verses un loyer : deux boîtes de Sheba par jour, deux kilos de croquettes par semaine et nettoie-moi cette litière, s'il te plaît, ça commence à sentir !
- ... tes toilettes se sont transformées en plage de gravier.
- ... ça sent le chat, chez toi. Enfin, c'est ce que te disent tes invités. Toi, tu sens plus rien. T'as un chat.

CITATION

« Le chat
est le seul
animal qui
soit parvenu
à domestiquer
l'homme. »

(Marcel Mauss.)

TEST
TON CHAT EST-IL DÉPRIMÉ ?

Il dort plus de vingt heures par jour.

■ Oui ■ Non

Il ne fait rien de ses journées.

■ Oui ■ Non

Il ne se lève que pour manger.

■ Oui ■ Non

Tu as obtenu un, deux ou même trois oui ? Tout va bien ! Ton chat a un moral d'acier.

LE SAIS-TU ?

Il est impossible de se
débarrasser de son chat.
Il n'y a qu'à voir toutes ces histoires
de périples incroyables dont
sont capables ces maudits animaux
pour retrouver leur maître
qui croyait y être parvenu.

… MAIS T'AS UN CHAT

- T'adorerais avoir un canapé en cuir… mais t'as un chat.
- Tu aimerais vivre détaché de tout, dans une folle insouciance, au gré de tes envies… mais t'as un chat.
- Tu détestes passer l'aspirateur… mais t'as un chat.

SI TON CHAT PARLAIT...

« Tiens, je me lécherais bien les fesses. »

« Change de chaîne. C'est chiant ce que tu regardes. »

TEST

ES-TU PRÊT À ADOPTER UN CHAT ?

Pour le savoir, obtiens au moins trois « oui » :

Tu n'aimes pas voyager ni sortir de chez toi de manière générale.

■ Oui ■ Non

Tu n'as pas un odorat très développé.

■ Oui ■ Non

Tu n'attends pas en retour d'affection de ceux que tu aimes.

■ Oui ■ Non

Tu n'as aucun objet de valeur chez toi.

■ Oui ■ Non

VICES ET VERTUS DU CHAT

L'INDÉPENDANCE

Comme chacun sait, le chat est un animal très indépendant… dans la mesure où une créature qu'il faut nourrir et qui ne nettoie pas seule sa litière est indépendante. Pas vrai, Moumoune ? Que dis-tu ? « Ma caisse est sale, nettoie, s'il te plaît » ?

NOMS D'UN CHAT !

Ce que le nom de ton chat dit de toi

- Antoine, Hugo ou n'importe quel prénom humain : désir d'enfant évident.
- Mufasa ou Simba : exagérateur patenté, origine marseillaise probable.
- Le chat, Minette : esprit terre à terre sans imagination, ou propriétaire de chat malgré toi.

SUPERSTITIONS

Un chat retombe toujours sur ses pattes, c’est vrai : jette-le du vingtième étage, et tu verras. En revanche, il en mourra, comme tout le monde.

LES NEUF VIES DE TON CHAT
1. L'ADOLESCENT FAINÉANT

Phase ingrate dans la vie d'un chat, malheureusement très longue et qui peut même durer toute sa vie. On se demande alors souvent s'il ne s'est pas mis aux drogues douces. Ce serait ça, l'herbe à chat ?

LE MONDE VU PAR LES CHATS

Le monde du chat est peuplé de créatures toutes plus laides et disgracieuses les unes que les autres, dont le seul rôle sur Terre est de vouer un culte au chat.

TU SAIS QUE T'AS UN CHAT QUAND...

- … t'as un aspirateur pour la poussière et un autre juste pour les poils de chat.
- … t'aurais bien aimé avoir un beau salon. Mais t'as un chat et un arbre à chat.
- … tu te moques des propriétaires de chien qui doivent le sortir pour qu'il fasse sa crotte, tout en nettoyant la litière de ton chat.

MOI VOULOIR ÊTRE CHAT

Le chat Brownie, de San Diego, à la mort de son propriétaire en 1963, hérita de 415 000 dollars. Un bon paquet de croquettes, qu'il dilapida aussi sec. Encore une victime de l'herbe à chat.

APPELER UN CHAT UN CHAT.

C'est vrai, ça. Pas con !

AMATEURS DE CHATS

SIR WINSTON CHURCHILL

Sir Winston Churchill avait nommé un de ses chats Nelson. Il ne brillait pourtant pas par son courage, contrairement à l'amiral éponyme, et se cachait sous le lit durant les bombardements allemands. À sa décharge, le courage n'a jamais été une qualité de chat.

SI TON CHAT PARLAIT...

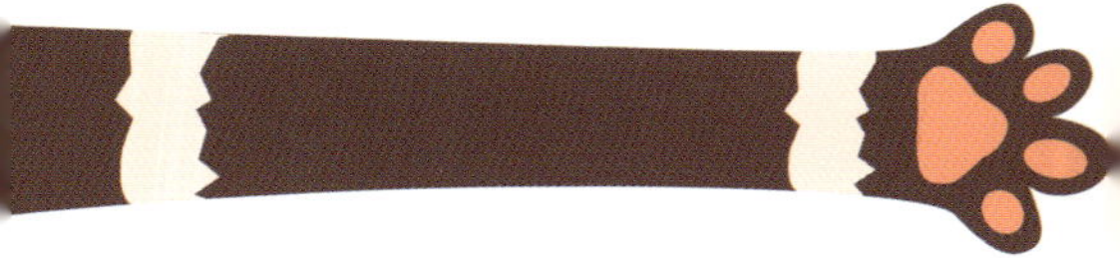

« Pendant que t'étais pas là, un type est rentré par la fenêtre pour gratter le canapé, déchirer un coussin, pisser sur ton lit et empoiler tes vêtements. Gonflé, non ? »

LE SAIS-TU ?

Le chocolat est un poison pour le chat. Une grosse plaquette de chocolat noir est capable de le tuer (tu peux faire comme si tu ne le savais pas).

LES NEUF VIES DE TON CHAT
2. LE CHASSEUR

À une lointaine époque, le chat devait chasser pour survivre. Certains spécimens en ont conservé l'habitude, surtout pour le sport. C'est une bonne occasion d'exercer son sadisme. Même le chat fainéant s'y adonne à sa manière : immobile, le regard fixe, il chasse.

CHAT VS CHIEN

Cet idiot de chien vient quand on l'appelle.

Le chat prend bonne note de votre demande, qu'il étudiera plus tard.

Vainqueur : sans hésiter, le chat.

TU SAIS QUE T'AS UN CHAT QUAND...

... tu considères que faire ses besoins en public, c'est bon pour les chiens. Non mais pour qui ils se prennent pour se montrer en spectacle comme ça, ces gros crétins canins ? Louis XIV ? Et qu'est-ce qu'ils attendent pour les enterrer, leurs étrons, comme les chats civilisés ? Ils pensent vraiment qu'on aime marcher dedans ?

LE SAIS-TU ?

En moyenne, un chat devrait manger une dizaine de souris par jour pour couvrir ses besoins nutritionnels. C'est dire si ce sont de beaux fainéants ! T'as déjà vu un chat attraper dix souris dans la journée, toi ?

TEST
TON CHAT EST-IL TÉLÉPATHE ?

Quand tu travailles, il vient se coucher sur le clavier.

■ Oui ■ Non

Quand tu te lèves, il te devance pour aller dans la cuisine.

■ Oui ■ Non

Quand tu t'apprêtes à sortir, il miaule de désespoir.

■ Oui ■ Non

Tu as obtenu un, deux ou même trois oui ? Ton chat n'a rien d'un télépathe, c'est un chat.

LE FEULEMENT

Un chat qui feule n'est certes pas ravi, en général, mais il ne faut pas dramatiser. Ce sont de grands acteurs, rappelons-le. Ainsi, afin de l'apaiser, la meilleure chose à faire est souvent de l'applaudir.

SI TON CHAT PARLAIT...

« T'as des poils sur ta veste. Tu vas quand même pas sortir comme ça ?
Tu pourrais faire un effort, mon vieux, tu te négliges complètement. Tu sais pas te lécher ou quoi ? »

SUPERSTITIONS

Un chat noir porte malheur, c'est vrai… comme les chats blancs, les chats roux et les chats tigrés. De toute façon, les chats, ça porte la poisse.

AMATEURS DE CHATS
COLETTE

La célèbre romancière aimait beaucoup les chats, au point de leur consacrer une grande place dans son œuvre. On peut penser que ce n'était pas son souhait de départ, mais que les matous se sont tout simplement invités dans ses romans comme ils le faisaient sur ses genoux. Ce serait bien leur genre. Les chats, c'est tous des incrustes.

QUE VEUT TE DIRE TON CHAT ?

LE DOS ROND

Le dos rond est une stratégie pour paraître plus gros qu'il ne l'est. Comme il a déjà la grosse tête, il passe au gros dos. Il est ainsi l'exact contraire de la mannequin suédoise qui s'efforce de maigrir toujours plus parce qu'elle n'a pas confiance en elle. C'est pourquoi les robes vont très mal aux chats.

LE PIRE, C'EST QU'ON LES AIME QUAND MÊME !

- C'est quand même mignon, quand c'est petit.
- C'est pas cher, c'est même donné !
- C'est antistress quand ça ronronne.

CHATS CÉLÈBRES

LE CHAT BOTTÉ

Avez-vous déjà essayé de mettre des bottes à un chat ? C'est presque impossible. C'est pourquoi ce chat est resté très célèbre, alors que tout le mérite revient à son maître.

LES NEUF VIES DE TON CHAT
3. LE CRAMPON CÂLIN

Un chat n'est jamais affectueux. Il aime qu'on le caresse, ce qui est très différent (d'ailleurs, ton chat t'a-t-il déjà caressé ?). Un chat crampon devient très encombrant : dès que tu t'assois,
il saute sur tes genoux,
et donc sur ton fils,
qui était sur tes
genoux.

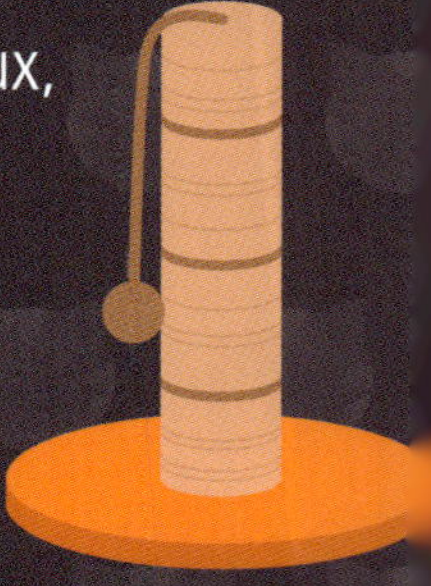

VICES ET VERTUS DU CHAT

LE SADISME

Un vice cardinal du chat. Il n'y a qu'à voir comment il se comporte en présence d'une souris. Tuer sans faire souffrir ? Une hérésie. La mort est un jeu pour le chat. Un jeu qui dure longtemps. Dans *Game of Thrones*, le chat serait Ramsay Bolton.

… MAIS T'AS UN CHAT

Tu aimerais manger tranquille devant la télé, sur le canapé, un plateau négligemment posé sur tes genoux et ta femme à tes côtés. Mais t'as un chat, sur les genoux, qui griffe ta femme quand elle s'approche. Et c'est lui qui décide du programme télé.

CITATION

« Il ne faut pas réveiller le chat qui dort : il vous demandera à bouffer. »

(Pierre Perret.)

EXPLIQUONS LES PROVERBES AUTOUR DU CHAT

IL N'Y A PAS DE QUOI FOUETTER UN CHAT.

De toute façon, c'était une drôle d'idée, de vouloir fouetter un chat. C'est un coup à ruiner son appartement sans même jamais atteindre le chat.

LE MONDE VU PAR LES CHATS

Le chat, tel le colon venant
de poser le pied en terre
indigène, pense que tout lui
est dû : territoire, nourriture,
amour inconditionnel.
À la différence du colon, le chat
a parfaitement raison.

SI TON CHAT PARLAIT...

- « J'ai faim. »
- « Tu fais trop de bruit. »
- « Va faire des courses. »
- « C'est ça que t'appelles des croquettes premier choix ? »

AMATEURS DE CHATS

CHARLES Ier

Ce maudit roi d'Angleterre (pléonasme) pensait que son chat lui portait bonheur. Bien vu : le lendemain de la mort de son chat, il fut arrêté pour être guillotiné trois ans plus tard (comparé à nous, Français, l'Anglais est un petit peu procédurier). En vérité, on ne voulait pas faire trop de peine au chat.

LES NEUF VIES DE TON CHAT
4. LA TERREUR DOMESTIQUE

Rien ne lui résiste. Aucun intrus ne pénétrera son territoire sans risque. Aucun meuble ne survivra à son ire. Il est la version animale du roitelet tyrannique et bouffi d'orgueil qui éclate d'un rire sardonique à la seule mention du malheur qu'il cause partout autour de lui. On l'appelle : Attila le chat.

DUELS DE CHATS

CHAT VS CANAPÉ

C'est un long combat que le chat est à peu près sûr de gagner. Sa technique est simple : il commence par les pieds, qu'il effrite petit à petit, il empoile consciencieusement les coussins, puis, une fois le canapé soumis, il l'éventre et le laisse pour mort au milieu de votre salon, en attendant sa prochaine victime.

TU SAIS QUE TU AS UN CHAT QUAND...

- ... t'as appris à ouvrir le frigo sans produire le moindre son.
- ... t'as appris à camoufler le bruit de tes pas quand tu vas dans la cuisine.
- ... t'attends que ton chat s'endorme pour te servir d'un ouvre-boîte.

LE SAIS-TU ?

Le chat est un animal domestique. Étonnant, non ?

TEST

TON CHAT EST-IL SURDOUÉ ?

Il sait ouvrir les portes.

■ Oui ■ Non

Il a commencé à marcher à une semaine.

■ Oui ■ Non

Il sait reconnaître sa marque de croquettes préférée au bruit qu'elles font dans le sachet.

■ Oui ■ Non

Tu as obtenu un, deux ou même trois oui ? Il n'a rien d'un surdoué. C'est juste un chat. Pas un idiot de chien.

VICES ET VERTUS DU CHAT

LA BEAUTÉ

Évidemment, le chat est beau, aussi beau que les vases Ming qu'il casse à l'année longue. Sans sa beauté, le chat n'en serait pas là. Il serait, à juste titre, considéré comme un parasite. Il y aurait même des déchatiseurs, qui les feraient disparaître à coup de rats.

... MAIS T'AS UN CHAT

- Tu aimerais prolonger ton week-end en Normandie… mais t'as un chat.
- Tu aimerais dire à ton rendez-vous du soir : « Viens chez moi »… mais t'as un chat.
- Tu aimerais porter du noir… mais t'as un chat.

CHATS CÉLÈBRES

LE CHAT DE SCHRÖDINGER

Chat théorique enfermé dans une boîte noire avec un produit radioactif, dont on ne sait, en conséquence, s'il est mort ou vivant. Un peu comme le chat paresseux. On sent dans cette histoire tout l'amour que Schrödinger devait porter aux chats.

EXPLIQUONS LES PROVERBES
AUTOUR DU CHAT

IL N'Y A PAS UN CHAT.

Celui-là doit dater d'une époque où il devait y avoir vraiment beaucoup de chats parce que, en vrai, vous avez déjà croisé un chat dans un concert, vous ? Ou alors c'est une expression de chat. Ces grands égomaniaques considèrent qu'un endroit sans eux est vide.

CHAT VS PLAN CUL

Ce combat est difficile et le chat n'est pas sûr de l'emporter, même s'il partira souvent dans une stratégie du tout ou rien, affirmant crânement : « C'est lui ou moi ! » Ses armes favorites pour ce duel inégal : le feulement et la pulvérisation d'urine sur les vêtements.

LE MONDE VU PAR LES CHATS

Dans le monde du chat, il est parfaitement naturel qu'on lui voue un culte, qu'on le déifie ou qu'on meure pour ses péchés. Le chat trouve d'ailleurs parfaitement normal qu'un homme soit mort pour lui sur la croix. Il regrette simplement que ce soit tombé sur ce type capable de multiplier les croquettes.

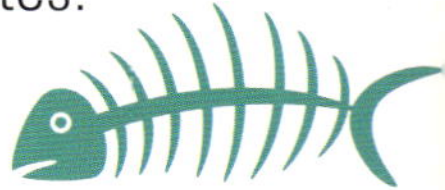

CITATION

« Jamais vous
n'en serez les
maîtres.
Qu'on lui ferme
la porte au nez,
Il reviendra par
les fenêtres. »

(Jean de
La Fontaine.)

LES NEUF VIES DE TON CHAT
5. LE MEUBLE

Parfois, vous vous demandez s'il est encore vivant. Il ne bouge jamais, ce n'est même plus de la paresse (c'est probablement de l'arthrose).

VICES ET VERTUS DU CHAT

L'ÉGOÏSME

La seconde nature du chat (la première, c'est d'être un estomac). L'égoïsme est au chat ce que la fidélité est à ces chiens stupides. Si pour se nourrir, il doit vous priver de nourriture, croyez bien qu'il n'hésitera pas. Déjà qu'il n'hésite pas beaucoup quand il a le ventre plein…

LE PIRE, C'EST QU'ON LES AIME QUAND MÊME !

C'est difficile de ne pas admirer les chats. Des millions d'années d'évolution ont fait d'eux les maîtres du monde, capables de réduire en quasi-esclavage des bêtes bien plus grosses qu'eux. Ils sont, en quelque sorte, notre idéal de développement. Et ils y arrivent sans débourser un centime et en n'en ramant pas une !

LE SAIS-TU ?

Le lait de vache
est en réalité
plutôt mauvais
pour les chats.
C'est probablement
pour ça qu'on
essaye toujours
de leur
en refourguer.

TEST

ES-TU L'HUMAIN IDÉAL POUR TON CHAT ?

Tu as plus de soixante ans.

■ Oui ■ Non

Tu as renoncé à t'éloigner de chez toi plus de trois heures d'affilée.

■ Oui ■ Non

Tu aimes cuisiner et tu ne te vexes pas quand on fait la fine bouche devant tes bons petits plats.

■ Oui ■ Non

Tu n'as plus d'odorat.

■ Oui ■ Non

Tu as obtenu un, deux ou même trois oui ? Parfait ! Tu es l'humain idéal pour un chat.

VICES ET VERTUS DU CHAT

L'AGILITÉ

Jules Vernes disait être convaincu qu'un chat pourrait marcher sur un nuage. C'est vrai. Le chat est agile, le chat est gracieux. Il est même un peu vantard de ce côté-là. Quelle autre raison a-t-il d'escalader la porte et de tenir en équilibre sur le chambranle à part signifier : « Et ça, tu sais le faire ? »

SI TON CHAT PARLAIT...

« Dis donc, ça fait longtemps que t'as pas fait le ménage, non ? Ce salon est fourré de poils, c'est désagréable. Nettoie ! »

CHATS CÉLÈBRES

BASTET

Déesse égyptienne à tête de chat, symbole de joie au foyer. La propagande des chats date ainsi de la plus haute Antiquité. Leur plan de domination mondiale court sur plusieurs millénaires. Ils nous font bien rire, les illuminati et les francs-maçons. Ils n'ont aucune chance face aux chats.

LES NEUF VIES DE TON CHAT
6. LE JOUEUR

Son rêve : une pelote de laine, une balle de ping-pong et une souris agonisante. Avec ça, il en oublierait même son appétit légendaire et sa non moins légendaire agilité. Il se cogne contre les murs, se projette contre les fenêtres et se prend les pattes dans les tapis. Qu'est-ce qu'on rigole !

LE MIAULEMENT PLAINTIF

Un chat qui miaule est, dans 99 % des cas, un chat affamé, c'est-à-dire un chat qui n'a pas mangé depuis vingt minutes (il s'en souvient, parce que c'est aussi la dernière fois qu'il s'est léché les fesses).

AMATEURS DE CHATS
GEORGES BRASSENS

Brassens aimait tant les chats qu'il en avait des fantasmes érotiques. Il les imaginait tétant une certaine Margot, qui, paraît-il, n'y voyait rien de répréhensible. Eh bien, nous, si ! Ils nous ont pris nos salons, nos canapés, nos plateaux télé, nos vacances et nos week-ends prolongés, jusqu'à nos cœurs et nos âmes, et les voilà qui voudraient prendre nos femmes ? Non mais faut arrêter, là !

CITATION

« C'est dur de ne pas envier un chat. »

(Henry Walter Bates.)

C'EST DU PIPI DE CHAT.

Sûrement un proverbe écrit par quelqu'un qui n'avait pas de canapé… ni de chat. Ou alors, encore une fois, c'est une belle opération de propagande réussie visant à nous faire croire que le pipi de chat, ce n'est pas grave ; non, le pipi de chat ne pue pas ; le pipi de chat, finalement, c'est rien que du pipi de chat. Eh bien, non ! Le pipi de chat, ça colle, ça pue ! Le pipi de chat, c'est dégueulasse ! Merde, quoi !

CHAT VS RIDEAUX

Celui-ci est gagné d'avance. Les rideaux ont plusieurs défauts qui rendent toute résistance futile : ils tombent jusqu'au sol, ils sont en textile, ils nous sont utiles et, comme beaucoup d'entre nous, le chat ne souhaite qu'une chose : y grimper.

TU SAIS QUE T'AS UN CHAT QUAND...

- ... tu t'es déjà entraîné à ronronner.
- ... tu sais que dans *James Bond*, le vrai méchant, c'est pas Ernst Stavro Blofeld du SPECTRE. C'est son chat.
- ... l'odeur du pipi de chat te rappelle la maison.

LE SAIS-TU ?

Dans certaines cultures, le chat est doté d'une grande sagesse, à tel point que le devin est aussi appelé homme-chat (le *chaman*, en VO).

LES NEUF VIES DE TON CHAT
7. LE FUGUEUR

Vient un moment, dans les vies du chat, où il doit jeter sa gourme, ce qui implique de quitter le domicile et de ne plus compter sur sa ration de croquettes quotidienne pour survivre. Il est alors l'équivalent animal de l'adolescent qui fait du stop pour aller voir un concert de rock, en se nourrissant exclusivement de sachets de soupe déshydratée. Sa paresse est oubliée. C'est un routard. Mais ne rêvez pas : il reviendra.

VICES ET VERTUS DU CHAT

L'ORGUEIL

Avez-vous déjà vu un chat rater son saut ? Tout de suite, alors que sa patte le lance et que son menton est en sang, la seule chose vraiment blessée est son orgueil. Il se tourne dans tous les sens pour vérifier que personne ne l'a vu se planter comme le premier débile de chien venu. Si le chat travaillait, ce serait un acteur.

TU SAIS QUE T'AS UN CHAT QUAND...

… tu ris particulièrement fort aux misères qu'on leur inflige dans tous les dessins animés.

Notons d'ailleurs que cette tendance de l'homme à martyriser les chats de fiction est une bonne preuve de notre réel désarroi face à ces sales bêtes qui ont pris le pouvoir sur nos cœurs, nos genoux et nos canapés en cuir. En revanche, nous n'expliquons pas la haine que nous semblons vouer aux coyotes qui, pour le coup, ne nous ont pas fait grand mal.

SUPERSTITIONS

Un chat peut prévoir le temps, c'est vrai. Lorsqu'il se passe la patte derrière les oreilles, c'est qu'il pleuvra. Lorsqu'il se lèche les fesses, c'est qu'il devrait faire nuit après le coucher du soleil.

TEST

TON CHAT EST-IL VIEUX ?

Il n'a plus rien chassé depuis sa naissance, ou presque.

■ Oui ■ Non

Il ne quitte plus le canapé.

■ Oui ■ Non

Il marche le menton à ras de terre et la colonne creusée par le poids de son ventre.

■ Oui ■ Non

Tu as obtenu un, deux ou même trois oui ? Alors, ton chat est dans la force de l'âge !

VICES ET VERTUS DU CHAT

LA PARESSE

Si les chats travaillaient (et c'est un gros « si »), ce serait à La Poste. Dire qu'ils sont paresseux est un doux euphémisme.

Le premier commandement du chat : « Une, tu n'en branleras pas. »

EXPLIQUONS LES PROVERBES AUTOUR DU CHAT

LES CHIENS NE FONT PAS DES CHATS.

On reconnaît bien là l'incapacité congénitale de ces connards de clébards. Les chiens ne font pas des chats, et c'est heureux : ils seraient foutus de produire des chats idiots, fidèles et reconnaissants !

CHATS CÉLÈBRES

BERNARD MINET

Fameux chanteur d'un groupe tristement disparu. De tous, c'était évidemment lui l'idole de ces dames. Pourquoi croyez-vous qu'il avait choisi ce nom-là ? Et d'ailleurs, pourquoi croyez-vous qu'un jeune homme beau et propre sur lui s'appelle « un minet » ? Encore un coup des chats !

LES NEUF VIES DE TON CHAT
8. L'ACROBATE

Tout comme on pourrait se demander ce qui a poussé les hommes à vouloir sauter d'un trapèze à l'autre, qu'est-ce qui fait rêver le chat lorsqu'il décide de franchir d'un seul saut l'espace qui sépare le premier tiroir de la commode du haut de l'armoire ? Nul ne le sait. L'acrobate est insaisissable.

Dans le monde du chat, qu'une créature qu'on méprise nous caresse pendant des heures est complètement normal. Pour lui signifier d'arrêter, il faut alors mordre l'impudente.

TEST

TON CHAT EST-IL OBÈSE ?

Il a le ventre qui traîne par terre.

■ Oui ■ Non

Il est castré.

■ Oui ■ Non

Il est plus large que haut.

■ Oui ■ Non

Tu as obtenu un, deux ou même trois oui ? Il n'est pas obèse, il est même plutôt sexy.

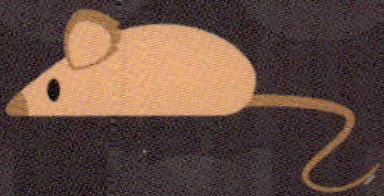

LE SAIS-TU ?

Après la pornographie, les chats représentent la vaste majorité du contenu disponible sur Internet. Si tu es sur Internet, tu as donc 90 % de chance de voir un minou.

LES NEUF VIES DE TON CHAT
9. LE BLOUSON NOIR

Le chat, parfois, est un voyou ;
le chat, parfois, est une racaille ;
le chat, parfois, est un loubard
(mais un clébard, ça non, jamais !).
Quiconque s'aventure sur son turf
en ressortira à son image, avec
une oreille mâchonnée, un œil
crevé et une patte folle. C'est la
loi du milieu, chez ces chats-là.

L'INTELLIGENCE

Contrairement à ce qu'on pourrait croire, le chat est loin d'être con (pas comme ce con de chien !). Il n'a l'air con que quand ça l'arrange, grande preuve d'intelligence. Le truc, c'est que ça l'arrange souvent.

DUELS DE CHATS
CHAT VS BÉBÉ

Le bébé est au chat ce que le chat est au canapé : un redoutable adversaire, un conquérant implacable. Sauf cas exceptionnels, le chat est sûr de perdre ce duel. Le bébé, c'est un peu la kryptonite du chat. Du coup, le chat est en général bien plus patient avec le bébé qu'avec n'importe qui d'autre. Il sait qu'il n'y a rien à gagner sur ce terrain-là. Toute sa stratégie de domination mondiale s'écroulerait.

LE SAIS-TU ?

Au temps des grandes traversées, on emportait toujours un chat sur les navires pour chasser les rats. Lorsque le chat venait à manquer, on disait alors : « Le bateau a chaviré. »

EXPLIQUONS LES PROVERBES AUTOUR DU CHAT

AVOIR D'AUTRES CHATS À FOUETTER.

Décidément, qu'est-ce qu'on aimait fouetter les chats à une époque ! C'est que, voici quelques siècles, leur domination ne devait pas encore être totale. Quelques esprits libres devaient réussir à penser par eux-mêmes et, organisés au sein d'un réseau de résistance intérieure, passaient probablement leurs journées à lutter avec acharnement, à coups de fouet, contre les envahisseurs chats.

AMATEURS DE CHATS

BAUDELAIRE

« Viens, mon beau chat,
sur mon cœur amoureux ;
Retiens les griffes de ta patte,
Et laisse-moi plonger
dans tes beaux yeux,
Mêlés de métal et d'agate. »

ET BIEN SÛR : TU SAIS QUE T'AS UN CHAT QUAND...

… tu sais qu'il n'y a pas 36 sortes de chats et qu'il n'y a qu'une télé. C'est *Téléchat*.

CITATION
FINALE QUI RÉSUME TOUT

« Pour résumer, mon chat est hypocrite, voleur, exigeant, capricieux, psychotique, inquiétant, trouillard, vandale, frimeur, égoïste, opportuniste, jaloux, rustre, hédoniste et ridicule.
Et c'est justement pour ça que je l'aime ! »

(Hélène Lasserre
et Gilles Bonotaux.)